W0281859

## So wird es gemacht:

Öffne das LÜK®-Kontrollgerät und lege die Plättchen in den unbedruckten Deckel!
Jetzt kannst du auf den Plättchen und auf dem Geräteboden die Zahlen 1 bis 24 sehen.

**Beispiel:** Seite 4 What is this?

Nimm Plättchen 1, sieh dir Aufgabe 1 an und suche das richtige Wort!
Die Lösung ist the woman mit der Feldzahl 15.

Lege das Plättchen 1 auf die Zahl 15 des Gerätebodens!

| | | | | | |
|---|---|---|---|---|---|
| 1 | 2 | 3 | 4 | 5 | 6 |
| 7 | 8 | 9 | 10 | 11 | 12 |
| 13 | 14 | **15** | 16 | 17 | 18 |
| 19 | 20 | 21 | 22 | 23 | 24 |

So mußt du weiterarbeiten, bis alle Plättchen im Geräteboden liegen.

Schließe dann das Gerät und drehe es um! Öffne es von der Rückseite! Wenn du das bei der Übungsreihe abgebildete Muster siehst, hast du alle Aufgaben richtig gelöst. Passen einige Plättchen nicht in das Muster, dann hast du dort Fehler gemacht. Drehe diese Plättchen dort, wo sie liegen, um, schließe das Gerät, drehe es um und öffne es wieder!
Jetzt kannst du sehen, welche Aufgaben du falsch gelöst hast. Nimm diese Plättchen heraus und suche die richtigen Ergebnisse! Kontrolliere dann noch einmal! Stimmt jetzt das Muster?

## Und nun viel Spaß!

Dieses Papier wurde aus chlorfrei gebleichtem Zellstoff hergestellt

# First Words

| | | |
|---|---|---|
|  |  |  |
| girl | boy | man |
|  |  |  |
| woman | bird | dog |
|  |  |  |
| cat | tree | flower |
|  |  |  |
| ball | mouse | plane |

house

door

window

street

town

doll

bicycle

bus

car

teddy bear

sun

moon

# What is this?

1

2

3

4

5

6

7

8

9

10

11

12

13

14

15

16

17

18

19

20

21

22

23

24

| | |
|---|---|
| the tree | 10 |
| the bus | 14 |
| the girl | 3 |
| the man | 21 |
| the flower | 13 |
| the plane | 18 |
| the house | 5 |
| the door | 20 |
| the moon | 11 |
| the street | 19 |
| the ball | 8 |
| the boy | 1 |
| the mouse | 23 |
| the window | 17 |
| the bicycle | 4 |
| the woman | 15 |
| the bird | 24 |
| the cat | 12 |
| the town | 7 |
| the car | 2 |
| the teddy bear | 9 |
| the dog | 16 |
| the doll | 6 |
| the sun | 22 |

# Where is…?

1 Where is the bird?
2 Where is the dog?
3 Where is the woman?
4 Where is the town?
5 Where is the ball?
6 Where is the tree?
7 Where is the teddy bear?
8 Where is the bicycle?
9 Where is the car?
10 Where is the cat?
11 Where is the boy?
12 Where is the sun?
13 Where is the house?
14 Where is the plane?
15 Where is the mouse?
16 Where is the flower?
17 Where is the doll?
18 Where is the street?
19 Where is the moon?
20 Where is the door?
21 Where is the window?
22 Where is the man?
23 Where is the girl?
24 Where is the bus?

23

6

2

11

14

3

8

9

7

24

13

10

12

4

19

20

16

1

5

17

22

15

21

18

# At Home

living-room

sofa

armchair

chair

table

bedroom

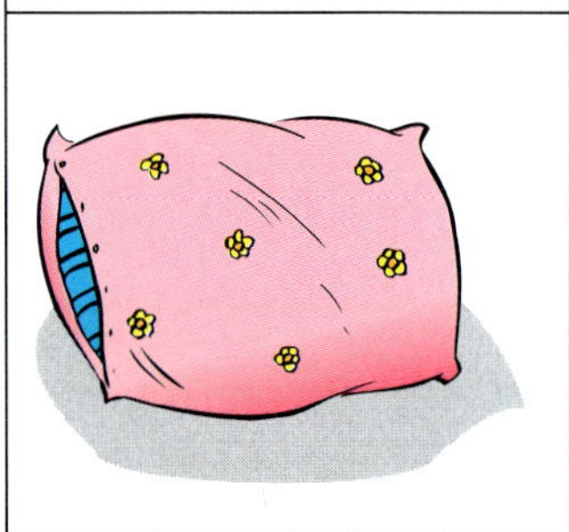
pillow

blanket

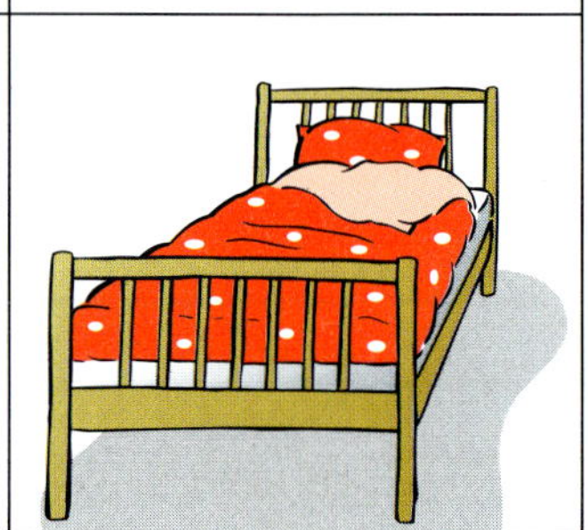
bed

cupboard

television

radio

kitchen

stove

fridge

washing-machine

bathroom

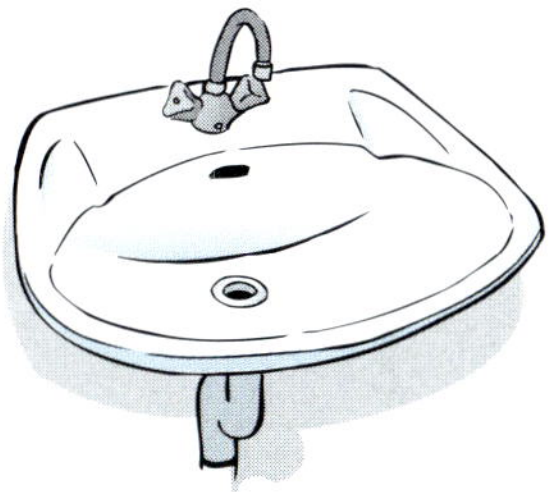

wash-basin

shower

lavatory

mirror

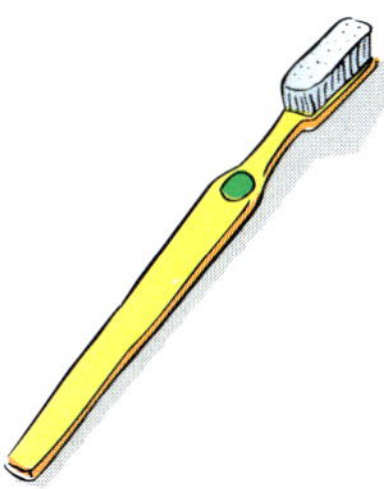

toothbrush

toothpaste

towel

# What is this?

1

2
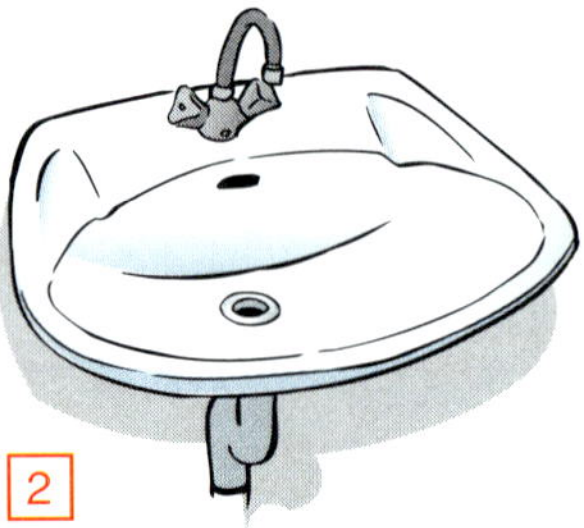

3

6

7

8

9

12

13

14

15

18

19

20

4

5

10

11

16

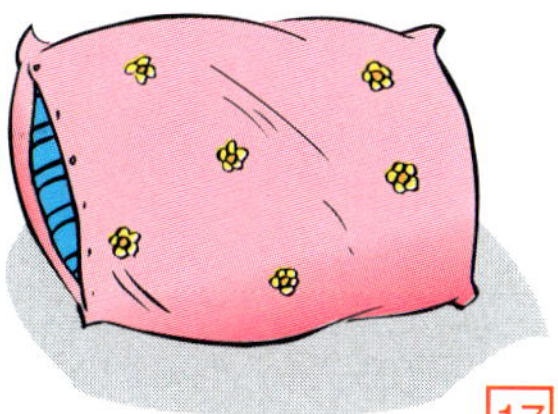
17

21

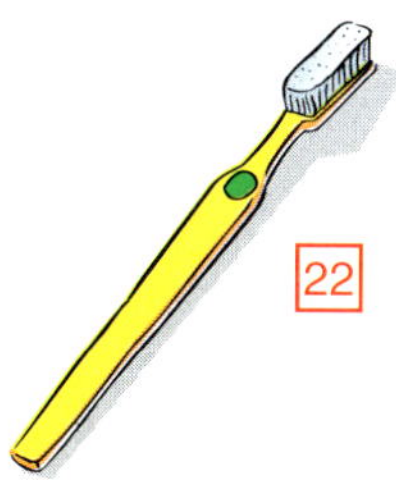
22

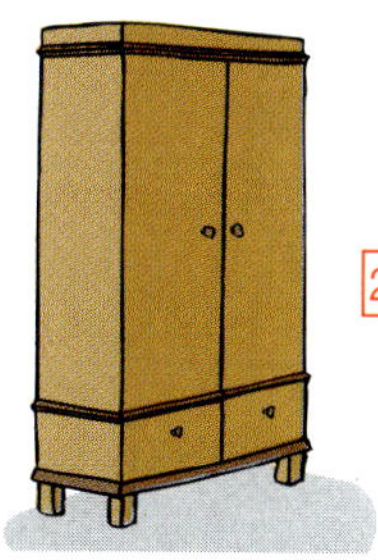
23

24

| | |
|---|---|
| the blanket | 7 |
| the shower | 10 |
| the living-room | 11 |
| the kitchen | 17 |
| the towel | 19 |
| the bed | 9 |
| the pillow | 4 |
| the fridge | 12 |
| the washing-machine | 24 |
| the radio | 14 |
| the television | 1 |
| the toothbrush | 15 |
| the toothpaste | 8 |
| the armchair | 21 |
| the sofa | 2 |
| the lavatory | 16 |
| the wash-basin | 22 |
| the cupboard | 5 |
| the bathroom | 13 |
| the bedroom | 23 |
| the mirror | 3 |
| the table | 6 |
| the chair | 18 |
| the stove | 20 |

# Is it right?

Yes ☺ or no ☹?

1 the bed
☺ 23 ☹ 1

2 the pillow
☺ 10 ☹ 9

3 the table
☺ 20 ☹ 3

4 the sofa
☺ 12 ☹ 17

5 the television
☺ 7 ☹ 1

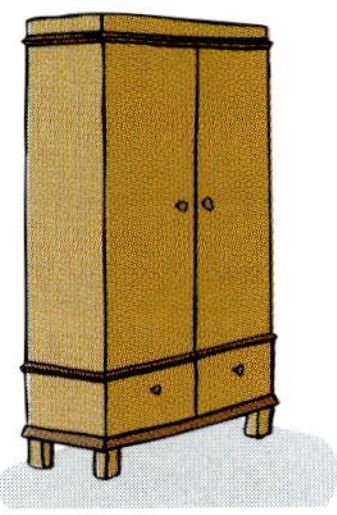

6 the living-room
☺ 14 ☹ 10

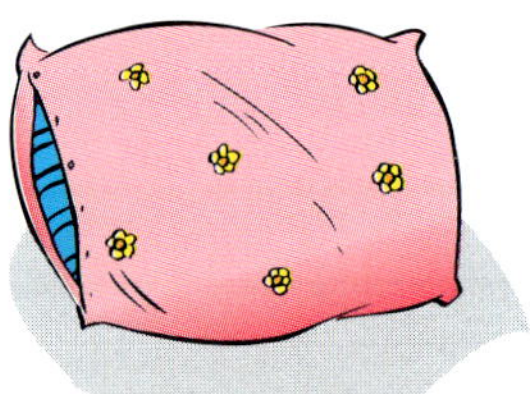

7 the radio
☺ 6 ☹ 3

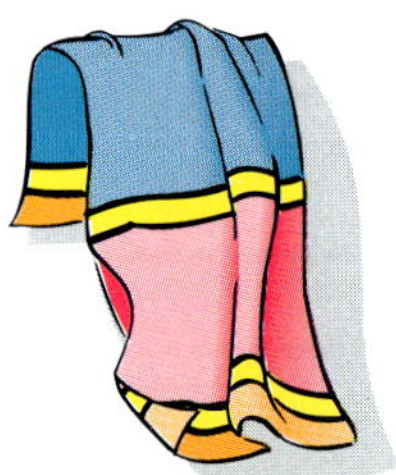

8 the towel
☺ 17 ☹ 4

9 the blanket
☺ 11 ☹ 7

10 the toothpaste
☺ 14 ☹ 21

11 the washing-machine
☺ 19 ☹ 6

12 the armchair
☺ 2 ☹ 4

13 the cupboard
☺ 24 ☹ 11

14 the bedroom
☺ 15 ☹ 21

15 the kitchen
☺ 19 ☹ 8

16 the toothbrush
☺ 16 ☹ 24

17 the shower
☺ 15 ☹ 5

18 the mirror
☺ 13 ☹ 8

19 the stove
☺ 16 ☹ 22

20 the fridge
☺ 5 ☹ 18

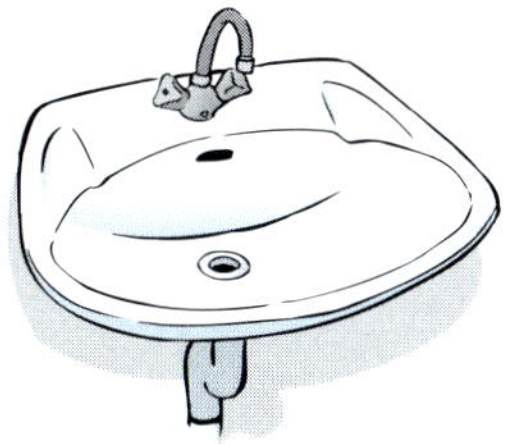

21 the wash-basin
☺ 13 ☹ 12

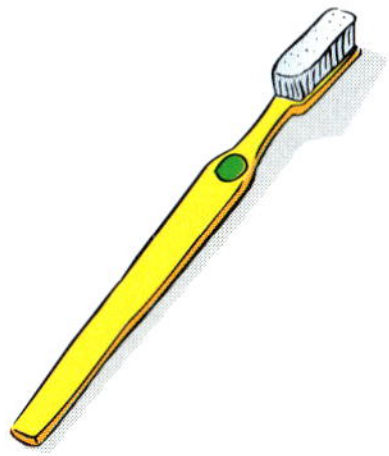

22 the mirror
☺ 23 ☹ 22

23 the lavatory
☺ 9 ☹ 18

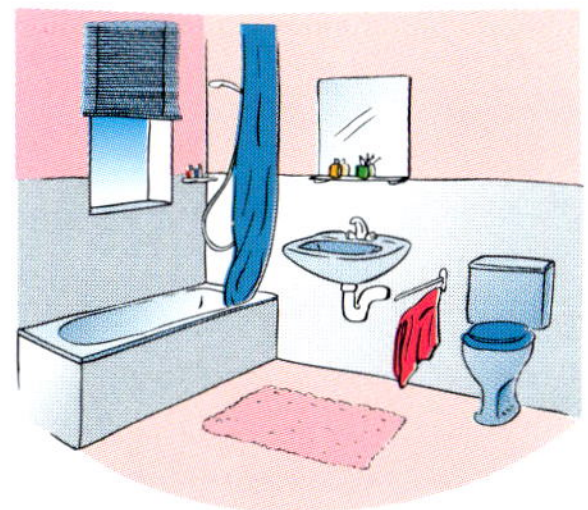

24 the bathroom
☺ 2 ☹ 20

# At School

| | | |
|---|---|---|
|  |  |  |
| school-bag | school | exercise book |
| 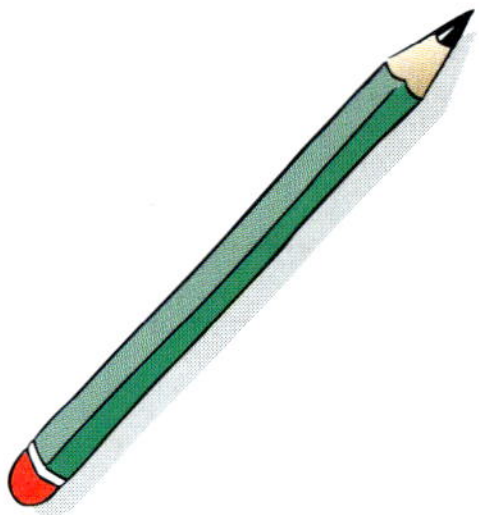 | 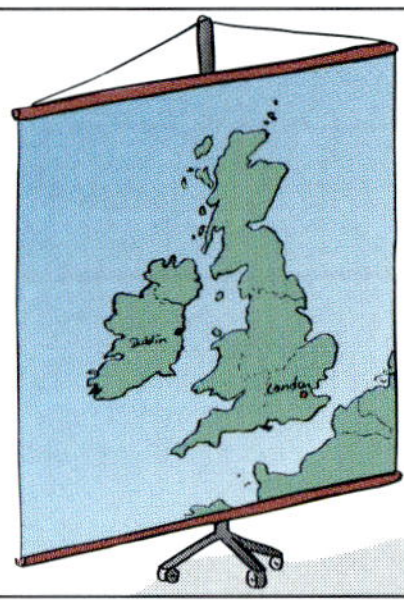 |  |
| pencil | map | rubber |
|  |  | 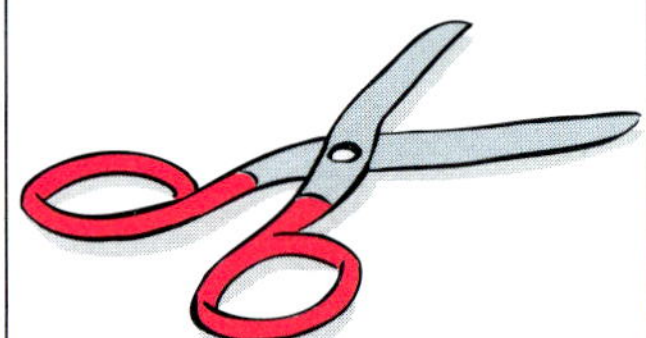 |
| paintbox | paintbrush | pair of scissors |
|  |  |  |
| pointer | waste-paper basket | class |

book

fountain-pen

ball-point pen

pencil-sharpener

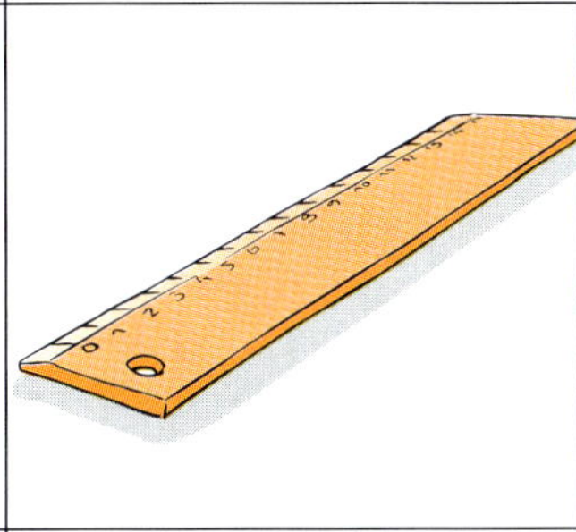

ruler

pencil case

blackboard

chalk

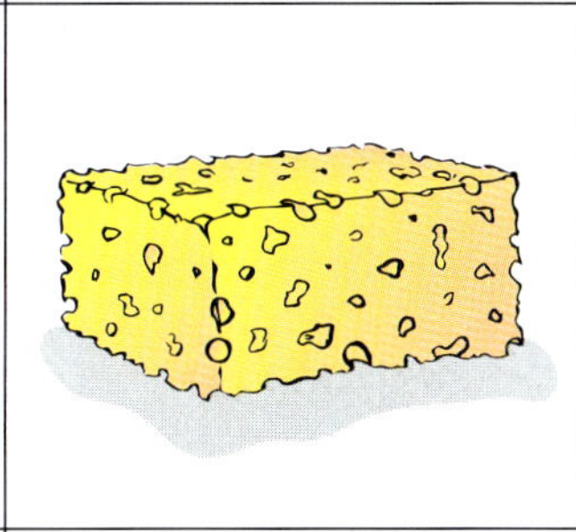

sponge

pupil

desk

teacher

# What is this?

1

2

3

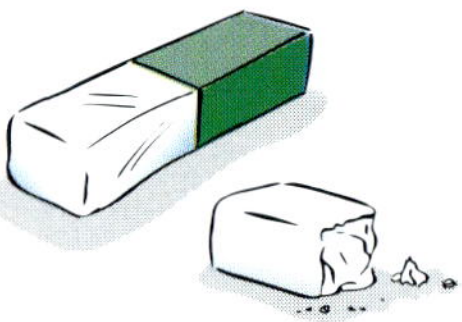

4

5

6

7

8

9

10

11

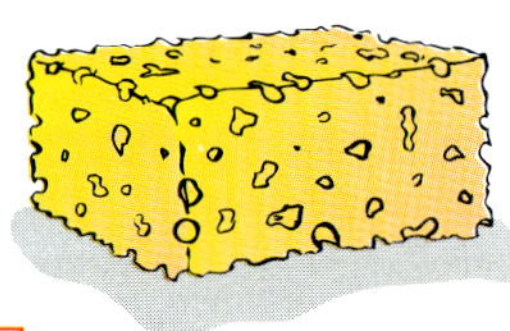

12

13

14

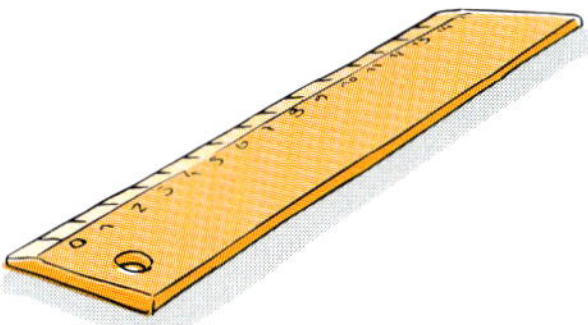
15

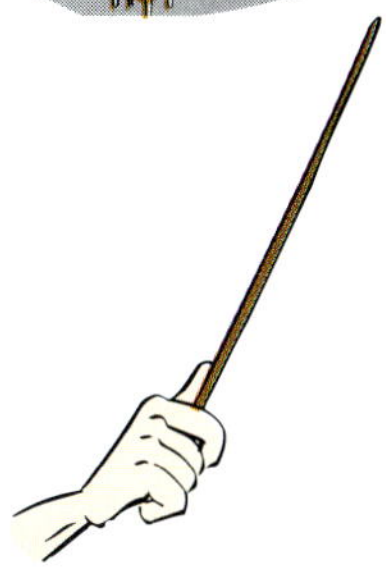
16

17

18

19

20

21

22

23

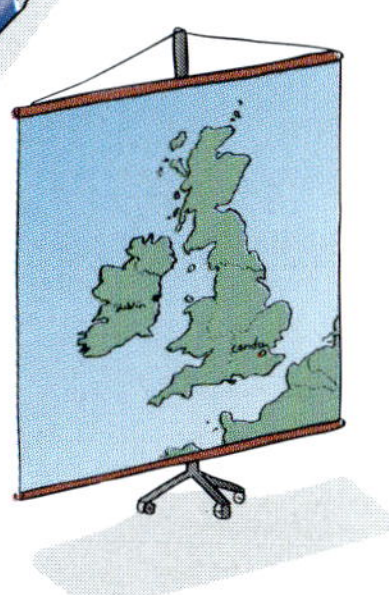
24

| | |
|---|---|
| the pencil-sharpener | 16 |
| the pencil | 9 |
| the map | 1 |
| the fountain-pen | 2 |
| the class | 10 |
| the ball-point pen | 5 |
| the desk | 21 |
| the waste-paper basket | 19 |
| the paintbrush | 18 |
| the rubber | 4 |
| the school-bag | 24 |
| the sponge | 15 |
| the paintbox | 3 |
| the pointer | 11 |
| the pencil case | 6 |
| the chalk | 23 |
| the teacher | 13 |
| the pair of scissors | 7 |
| the blackboard | 22 |
| the school | 12 |
| the book | 14 |
| the exercise book | 20 |
| the ruler | 8 |
| the pupil | 17 |

# Where is...?

1 Where is the school-bag?
2 Where is the blackboard?
3 Where is the teacher?
4 Where is the pupil?
5 Where is the pencil case?
6 Where is the pencil-sharpener?
7 Where is the fountain-pen?
8 Where is the ruler?
9 Where is the map?
10 Where is the ball-point pen?
11 Where is the pencil?
12 Where is the rubber?
13 Where is the exercise book?
14 Where is the book?
15 Where is the desk?
16 Where is the paintbrush?
17 Where is the paintbox?
18 Where is the school?
19 Where is the pointer?
20 Where is the waste-paper basket?
21 Where is the sponge?
22 Where is the chalk?
23 Where is the pair of scissors?
24 Where is the class?

3

6

5

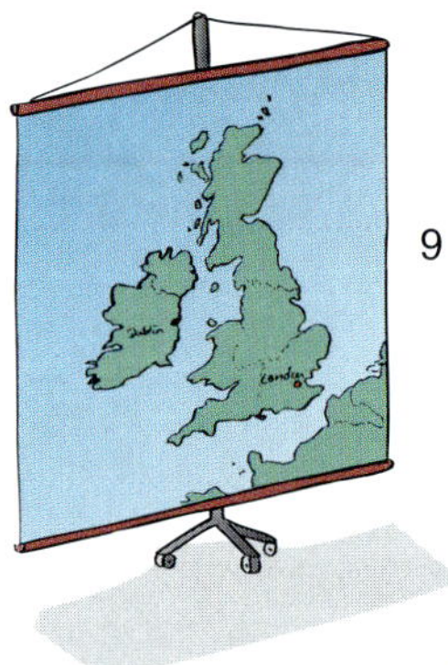

9

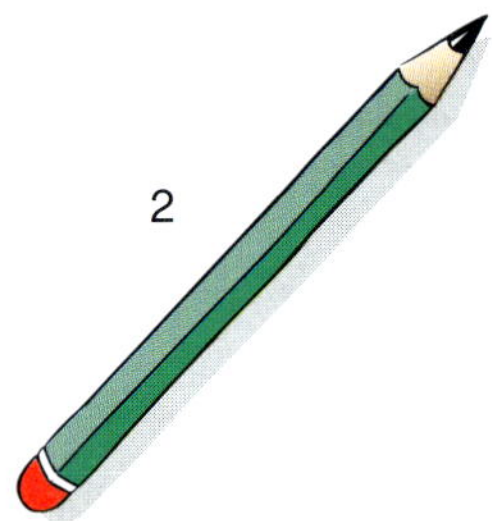

2

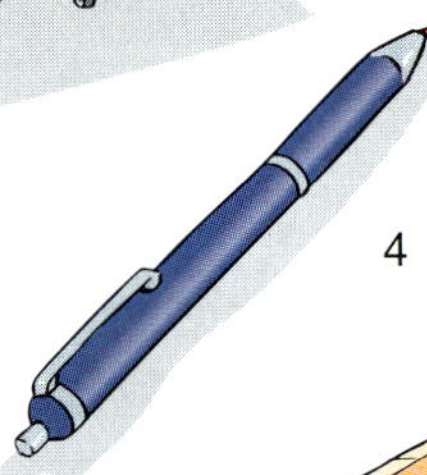

4

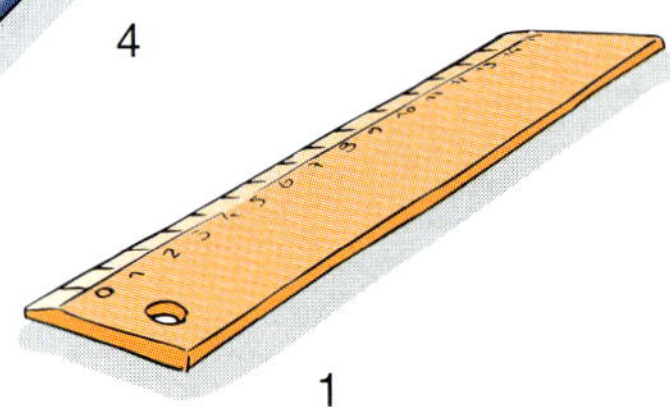

1

19

10

13

7

8

11

20

17

24

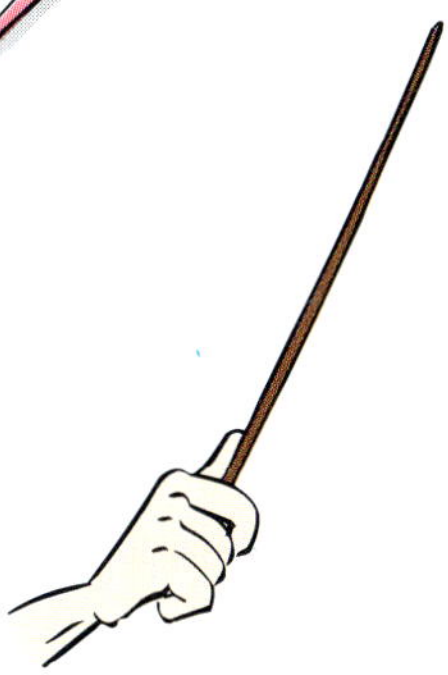
18

16

12

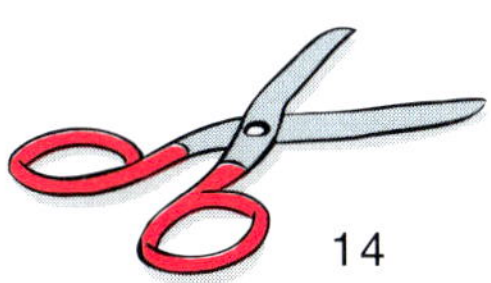
14

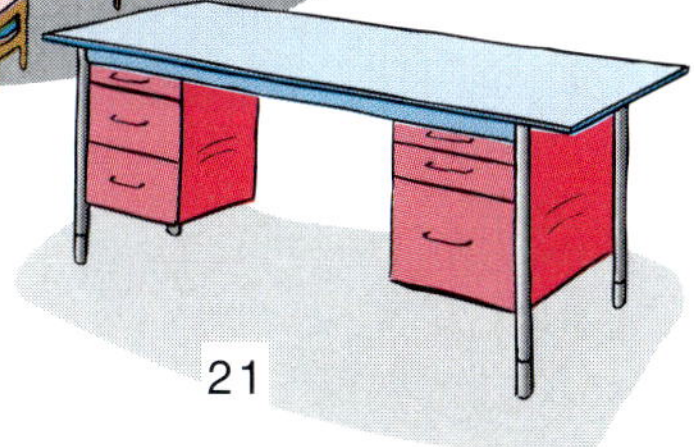
21

23

22

15
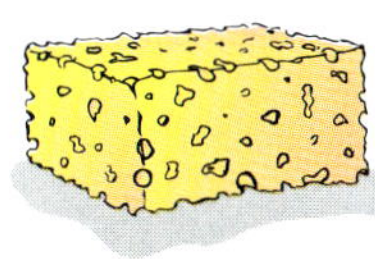

# Things

| | | |
|---|---|---|
| 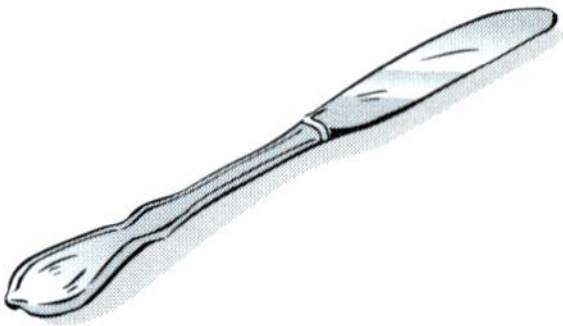 |  |  |
| knife | fork | spoon |
|  |  |  |
| cup | plate | bottle |
|  |  |  |
| pot | coffee-pot | glass |
|  | 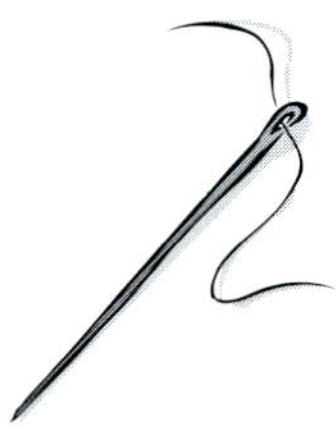 | 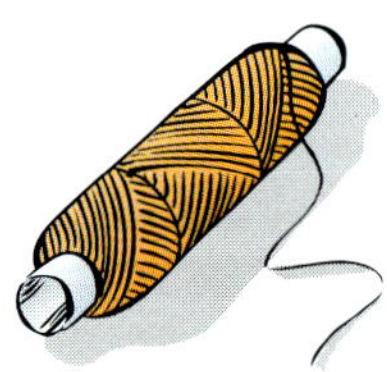 |
| pail | needle | thread |

| | | |
|---|---|---|
| 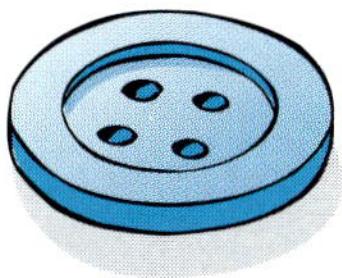 |  |  |
| button | key | clock |
|  | 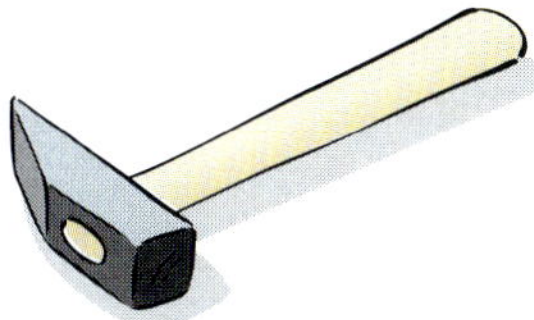 | 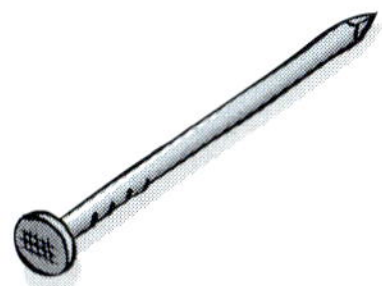 |
| saw | hammer | nail |
| 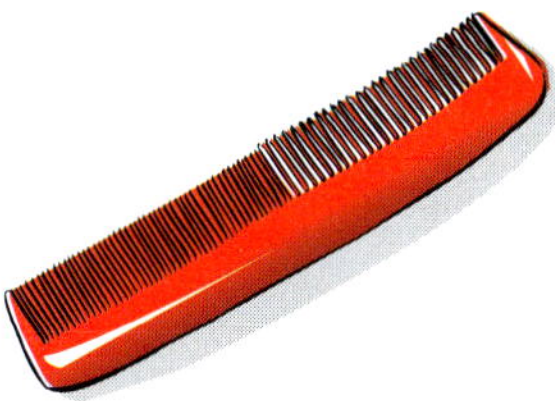 |   |  |
| comb | soap | carpet |
|  | 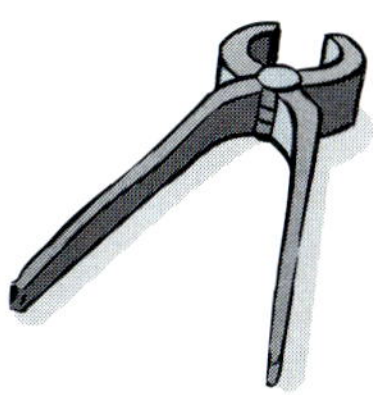 |  |
| picture | pair of pliers | lamp |

# What is this?

1

2

3
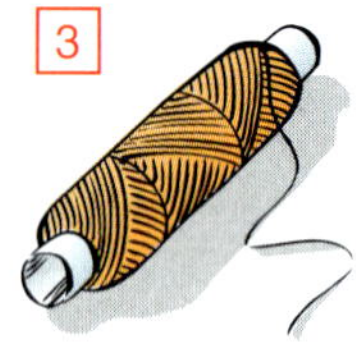

4

5

6
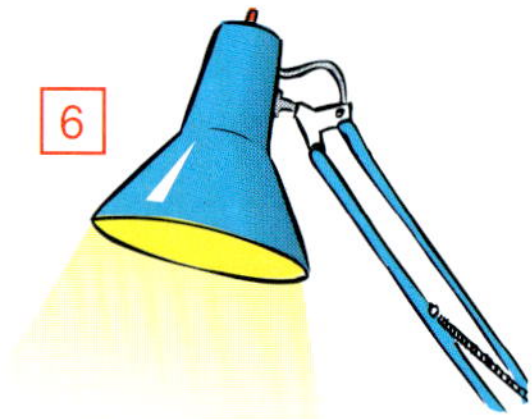

7

8
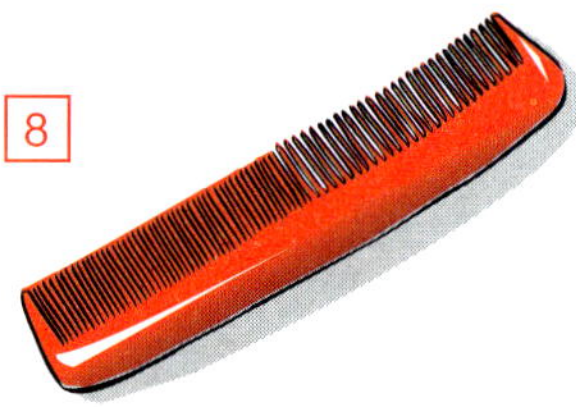

9

10

11

12

13

14

15

16

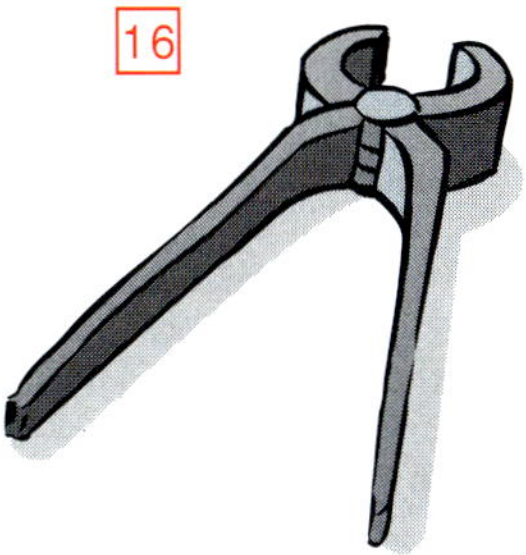

17

18

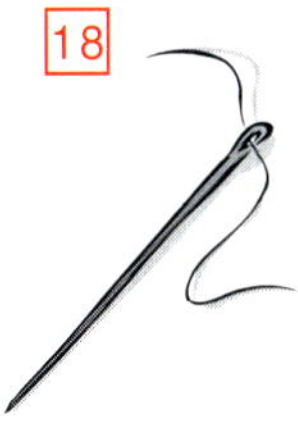

19

20

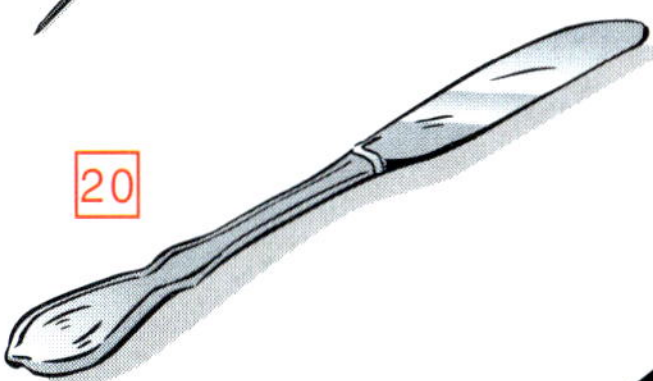

21

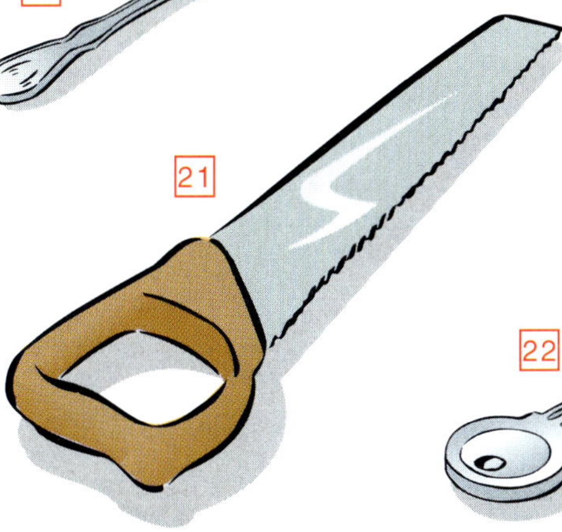

22

23

24

| | |
|---|---|
| the knife | 17 |
| the fork | 13 |
| the spoon | 19 |
| the glass | 22 |
| the plate | 14 |
| the pail | 16 |
| the cup | 23 |
| the lamp | 8 |
| the key | 20 |
| the button | 1 |
| the nail | 2 |
| the hammer | 11 |
| the coffee-pot | 18 |
| the bottle | 7 |
| the pot | 10 |
| the comb | 5 |
| the carpet | 6 |
| the pair of pliers | 24 |
| the picture | 9 |
| the soap | 12 |
| the clock | 3 |
| the needle | 15 |
| the thread | 4 |
| the saw | 21 |

# Is it right?

Yes ☺ or no ☹ ?

1 the button
☺ 3 ☹ 23

2 the pot
☺ 20 ☹ 19

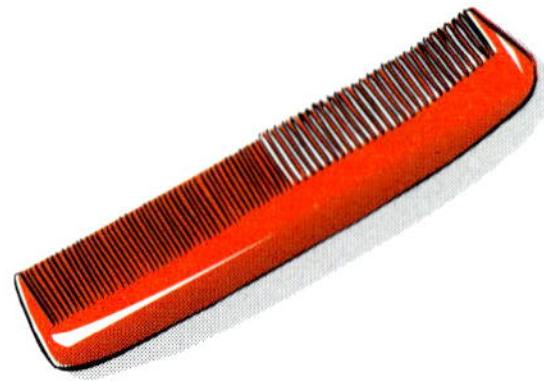

3 the comb
☺ 10 ☹ 13

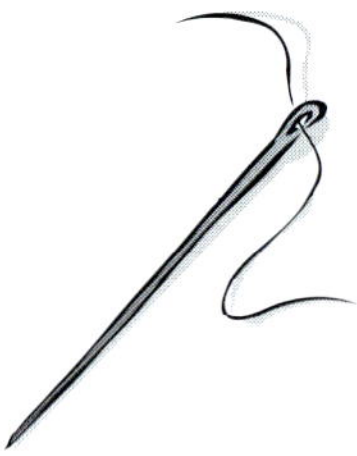

4 the needle
☺ 24 ☹ 17

5 the fork
☺ 3 ☹ 9

6 the key
☺ 4 ☹ 20

7 the coffee-pot
☺ 13 ☹ 18

8 the soap
☺ 14 ☹ 17

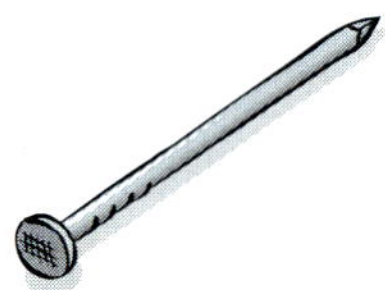

9 the nail
☺ 9 ☹ 11

10 the thread
☺ 7 ☹ 4

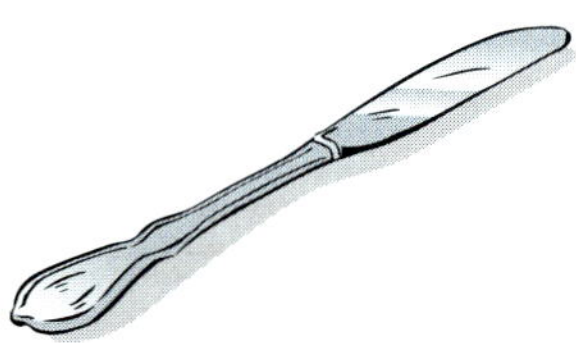

11 the knife
☺ 18 ☹ 21

12 the clock
☺ 14 ☹ 12

13 the hammer

☺ 11 ☹ 1

14 the pair of pliers

☺ 7 ☹ 22

15 the picture

☺ 21 ☹ 2

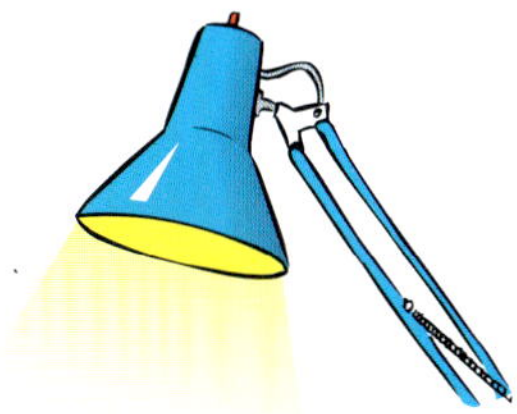

16 the lamp

☺ 12 ☹ 5

17 the pail

☺ 15 ☹ 1

18 the carpet

☺ 8 ☹ 22

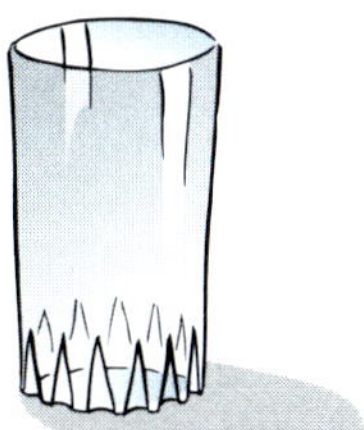

19 the glass

☺ 2 ☹ 6

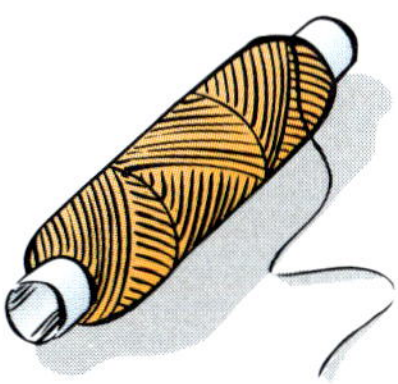

20 the saw

☺ 16 ☹ 5

21 the bottle

☺ 15 ☹ 23

22 the cup

☺ 19 ☹ 8

23 the spoon

☺ 6 ☹ 10

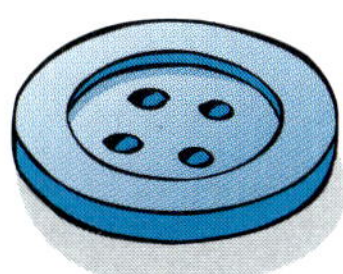

24 the plate

☺ 24 ☹ 16

# Body and Clothes

head

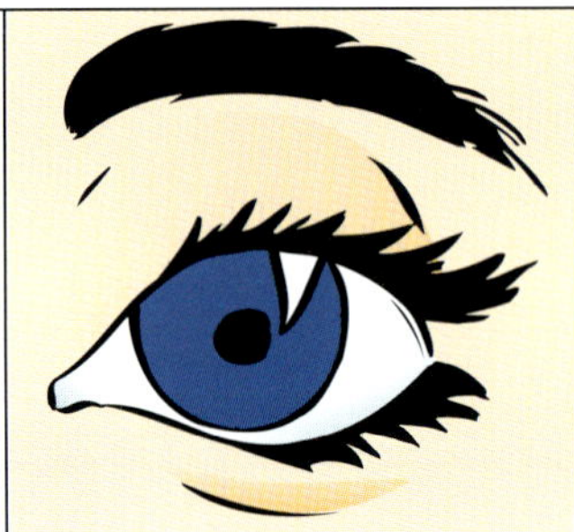

eye

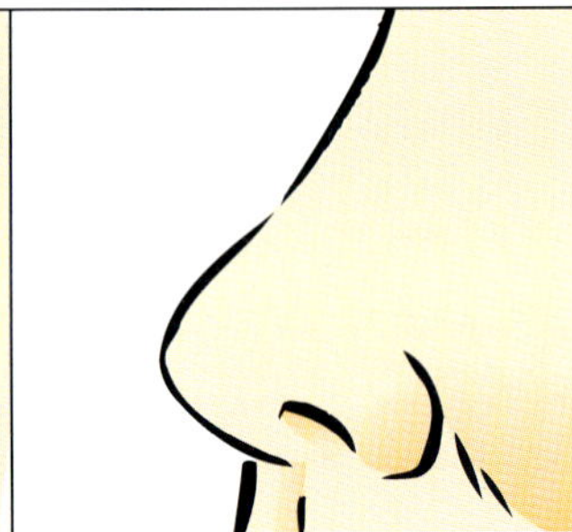

nose

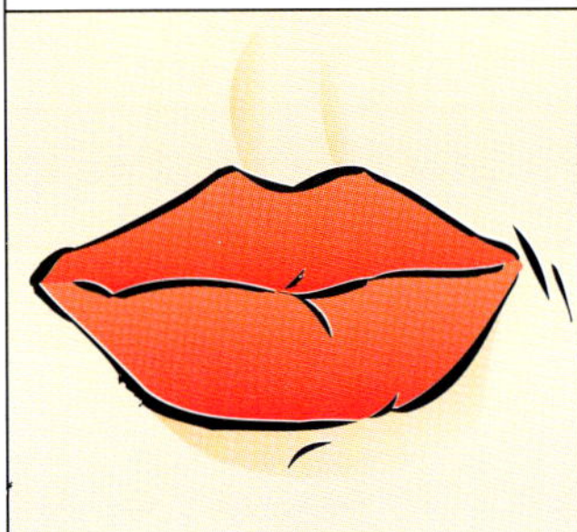

mouth

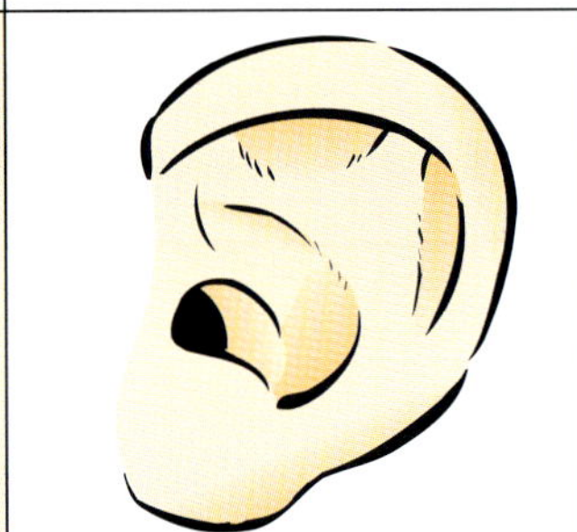

ear

hair

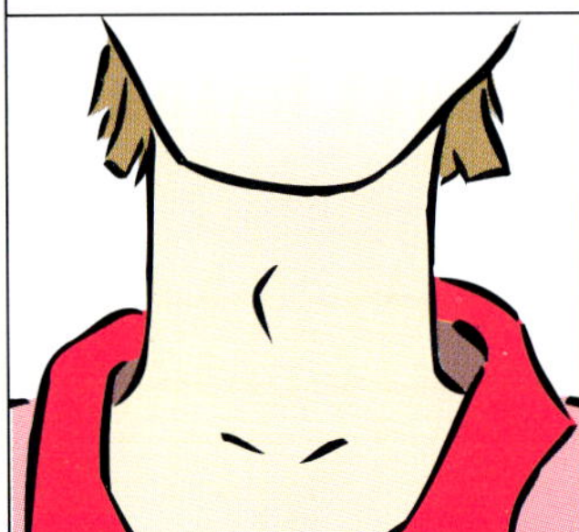

neck

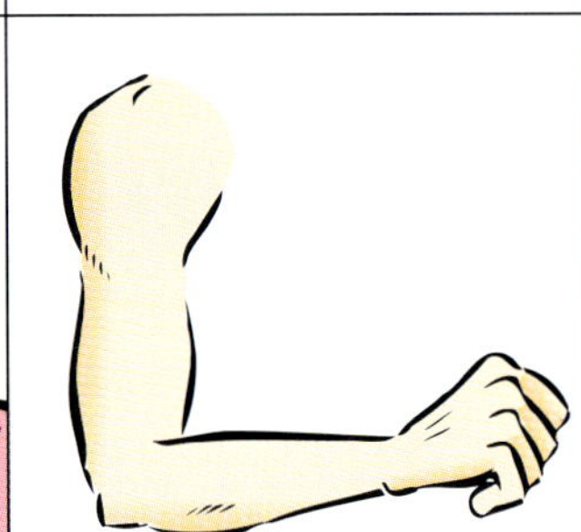

arm

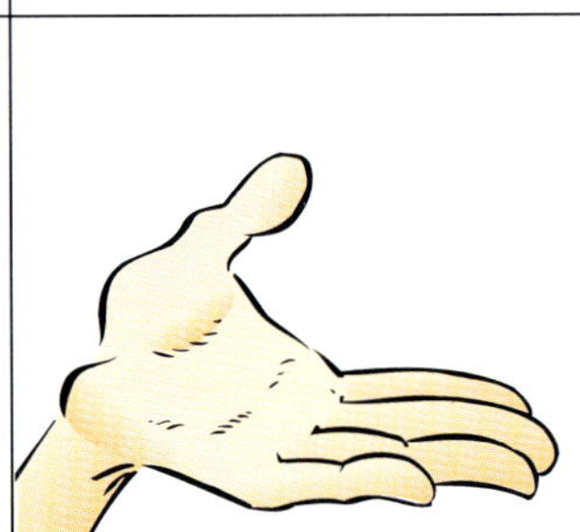

hand

finger

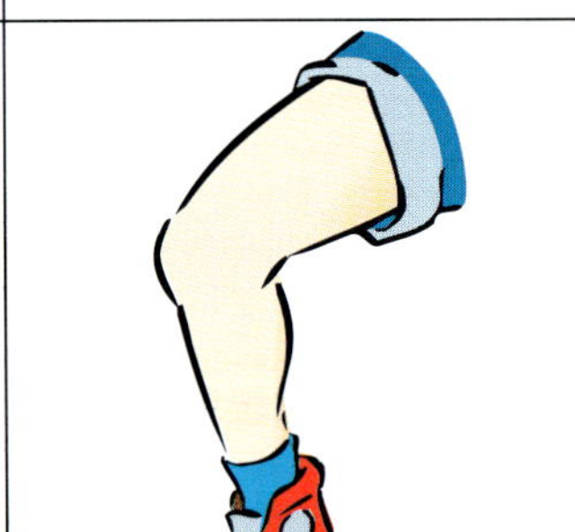

leg

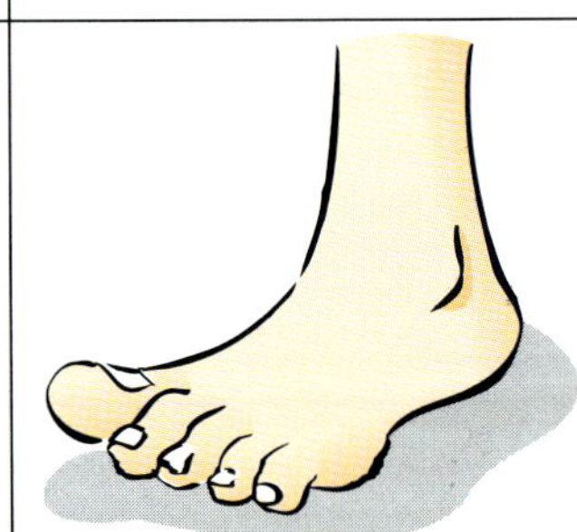

foot

pair of trousers

shirt

pullover

blouse

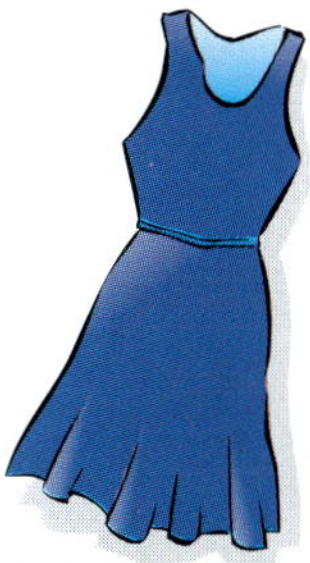

dress

skirt

jacket

coat

pair of shoes

pair of socks

cap

hat

# What is this?

1

2

3

6

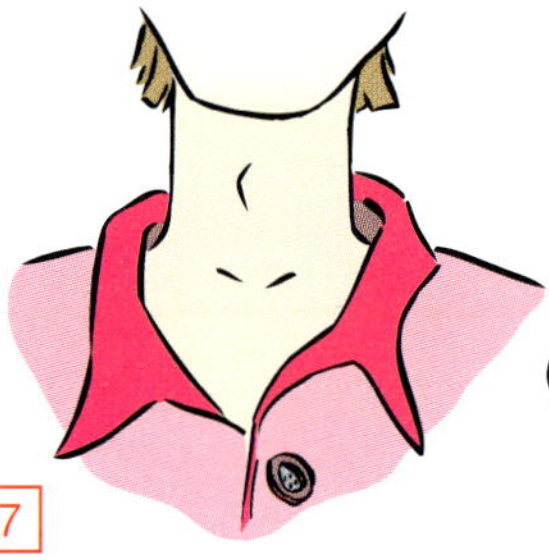
7

8

11

12

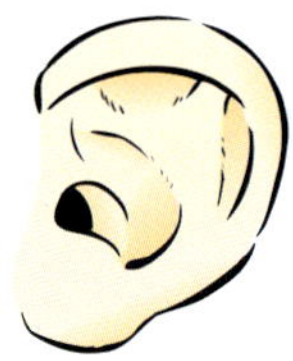
13

16

17
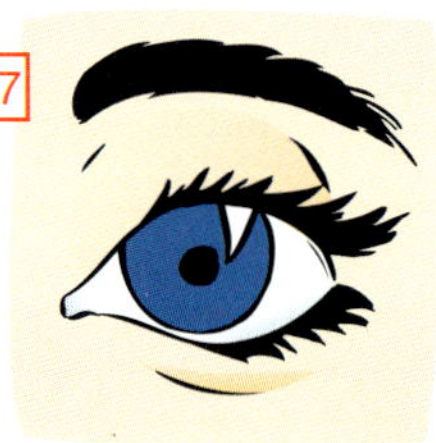

18

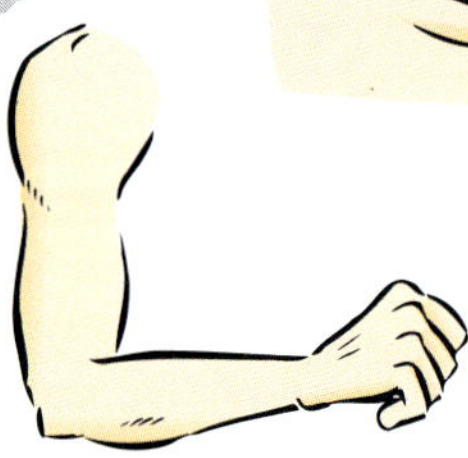
21

22

4

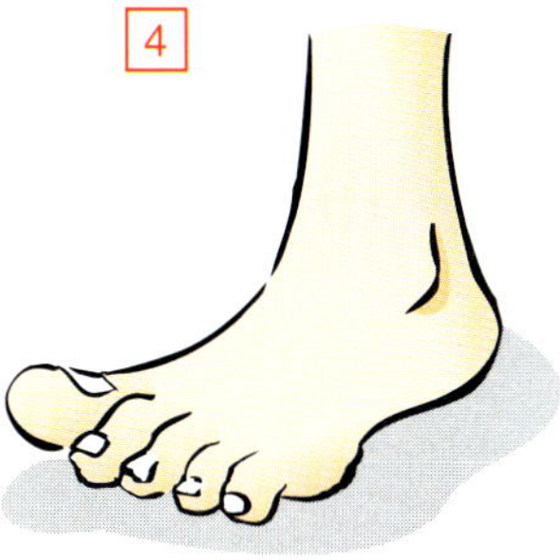

5

9

10

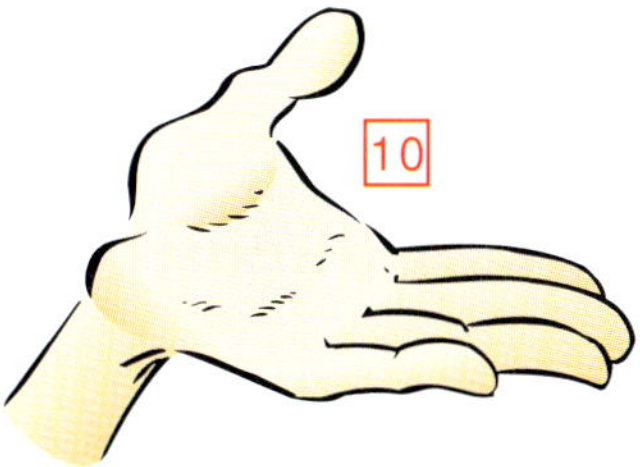

14

15

19

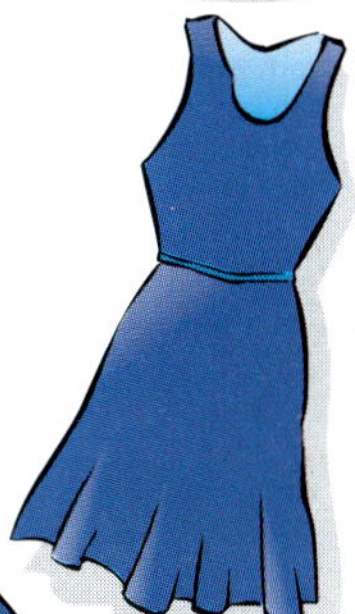

20

23

24

| | |
|---|---|
| the arm | 3 |
| the foot | 20 |
| the finger | 22 |
| the neck | 17 |
| the hat | 11 |
| the head | 7 |
| the coat | 24 |
| the mouth | 12 |
| the pullover | 14 |
| the skirt | 21 |
| the blouse | 23 |
| the hand | 4 |
| the pair of trousers | 9 |
| the jacket | 10 |
| the cap | 15 |
| the nose | 16 |
| the hair | 2 |
| the pair of shoes | 13 |
| the pair of socks | 8 |
| the eye | 5 |
| the leg | 18 |
| the shirt | 6 |
| the dress | 1 |
| the ear | 19 |

# Where is…?

1. Where is the ear?
2. Where is the eye?
3. Where is the mouth?
4. Where is the nose?
5. Where is the neck?
6. Where is the hand?
7. Where is the arm?
8. Where is the finger?
9. Where is the leg?
10. Where is the foot?
11. Where is the head?
12. Where is the hat?
13. Where is the cap?
14. Where is the coat?
15. Where is the skirt?
16. Where is the pullover?
17. Where is the dress?
18. Where is the pair of trousers?
19. Where is the shirt?
20. Where is the jacket?
21. Where is the blouse?
22. Where is the pair of shoes?
23. Where is the pair of socks?
24. Where is the hair?

12

19

6

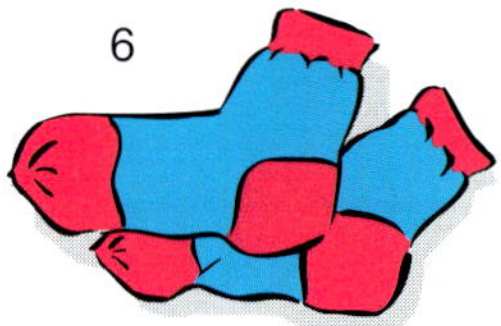

23

9

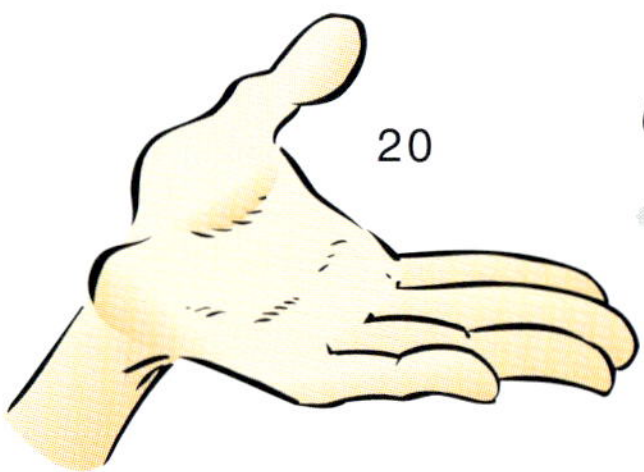

20

13

15

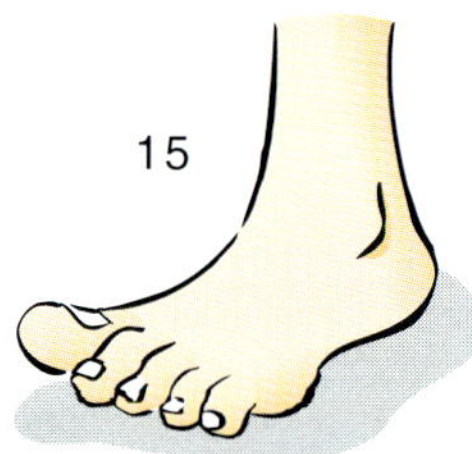

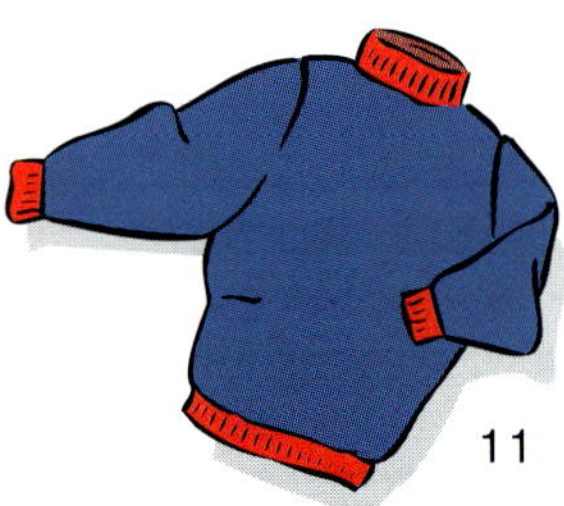

11

17

2

16
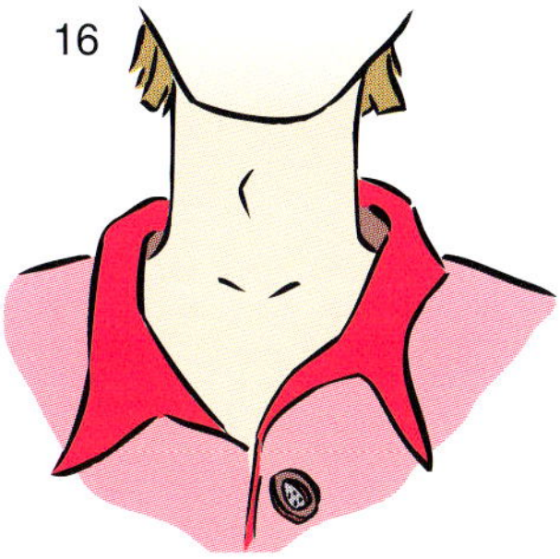

18

4

5

10
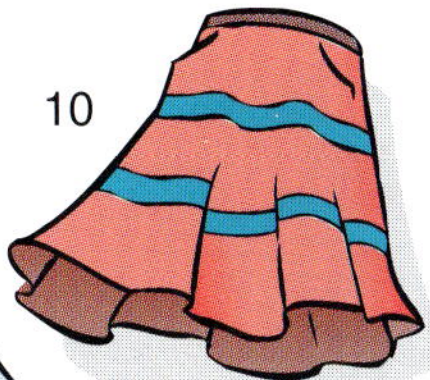

8

22

1
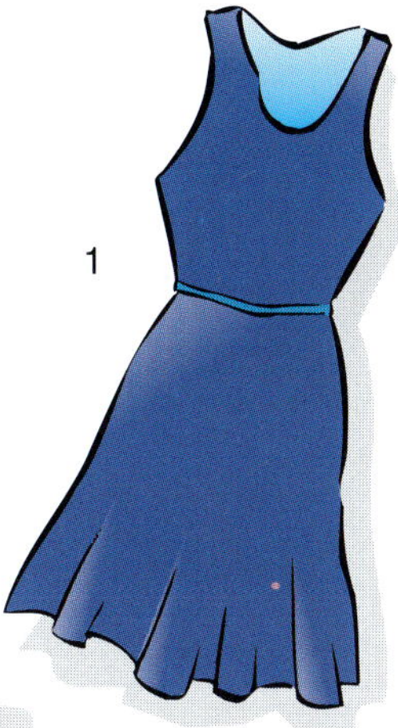

21
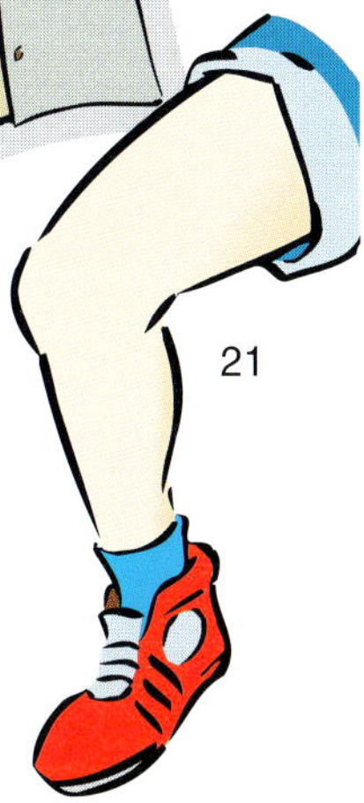

7

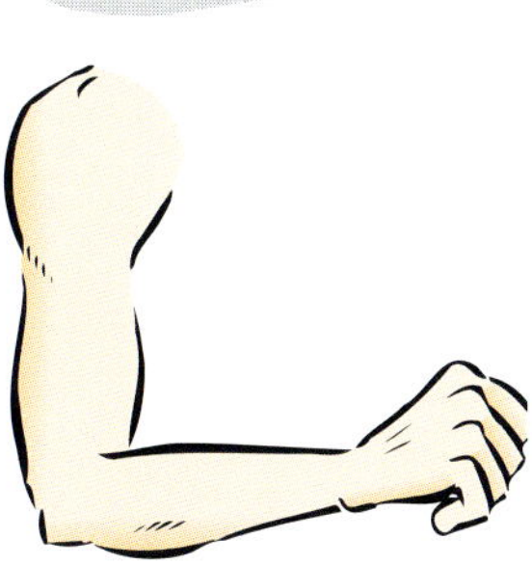
14

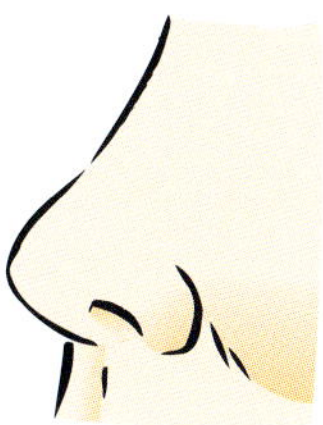
24

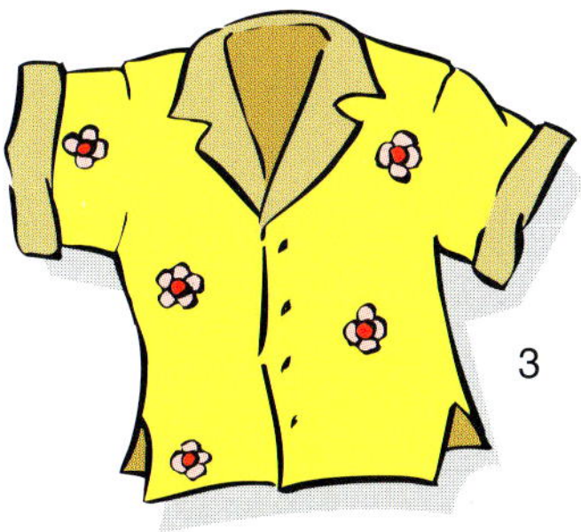
3

# The Days of the Week

1. Monday
2. Tuesday
3. Wednesday
4. Thursday
5. Friday
6. Saturday
7. Sunday

# The Months of the Year

1. January

2. February

3. March

4. April

5. May

6. June

7. July

8. August

9. September

10. October

11. November

12. December